Origens da Linguagem

Coleção **PASSO-A-PASSO**

CIÊNCIAS SOCIAIS PASSO-A-PASSO
Direção: Celso Castro

FILOSOFIA PASSO-A-PASSO
Direção: Denis L. Rosenfield

PSICANÁLISE PASSO-A-PASSO
Direção: Marco Antonio Coutinho Jorge

Ver lista de títulos no final do volume

Bruna Franchetto e Yonne Leite

Origens da Linguagem

ZAHAR

Jorge Zahar Editor Ltda.
rua Marquês de S. Vicente 99 – 1º | 22451-041 Rio de Janeiro, RJ
tel (21) 2529-4750 | fax (21) 2529-4787
editora@zahar.com.br | www.zahar.com.br

Composição eletrônica: TopTextos Edições Gráficas Ltda.
Capa: Sérgio Campante

CIP-Brasil. Catalogação-na-fonte
Sindicato Nacional dos Editores de Livros, RJ.

Franchetto, Bruna
F888o Origens da linguagem / Bruna Franchetto e Yonne Leite. — Rio de Janeiro: Zahar, 2004.
(Passo-a-passo)

Inclui bibliografia
ISBN 987-85-7110-787-8

1. Linguagem e línguas – Origem. 2. Linguagem e línguas – Filosofia. I. Leite, Yonne, 1935-. II. Título. III. Série.

CDD: 401
04-1089 CDU: 81-2

Sumário

Introdução

A busca de conhecimentos sobre o passado remoto da humanidade e sobre a origem de nossos ancestrais está presente, com diversas roupagens, em todas as épocas e é objeto de explicações da mais variada natureza, para vários povos.

Para os karajás, povo indígena que habita a ilha de Bananal (TO), sua origem vem dos aruanãs, peixes que habitavam águas profundas. Um aruanã, afoito e curioso, nada para muito longe e segue um raio de luz que lhe permite ver sua sombra. Diverte-se com ela, mas, com medo, volta ao seu grupo. Sonha, então, com estranhas regiões. Torna a seguir o raio de luz e, ao chegar à superfície, fascinado, depara-se com um mundo de luz e calor, árvores, pássaros, lagos, céu e água. Transforma-se em gente de verdade e corre pelos prados, ouve o canto dos pássaros, come as frutas silvestres, sente o perfume das flores. Mas ali também estão o sofrimento, o perigo e a morte. Volta para o mundo dos aruanãs e vira peixe de novo. Um grupo de aruanãs, maravilhado com o relato do companheiro, resolve repetir sua experiência. Um a um sobem à superfície e se transformam em gente de verdade. Para que sua transformação se complete, a fim de se adaptarem às novas condições de vida na Terra, têm de adquirir a mobilidade que já existia nos primeiros habitantes. Assim, no processo de hominização dos aruanãs, um traço fundamental é o da aquisição de movimento, que passa a constituir o traço distintivo do homem de verdade, opondo-se, então, à imobilidade dos pré-humanos do mundo subaquático.

Para os tapirapés, povo tupi que habita o rio Tapirapé, afluente do rio Araguaia (MT), os homens é que são transformados em bicho. Peetora, um herói mítico, vai andando pela terra e "sopra palavras" para transformar em animais as duplas de tapirapés que encontra pelo caminho. Dois tapirapés que faziam bordunas para enfrentá-lo, pois a vinda de Peetora havia sido anunciada, não o reconhecem, por estar ele disfarçado, e tornam-se, pela palavra soprada por Peetora, tamanduás. As bordunas passam a ser seus rabos. Outros dois tapirapés são transformados em quatis e dois jovens adolescentes, usando a pintura corporal de jenipapo, própria para sua classe etária, são transformados em macacos. Observe-se que, semelhantemente à arca de Noé, é necessária uma dupla para garantir a sobrevivência da espécie. E mais: a palavra "soprada" tem força criativa. O mito que celebra e mantém na memória a antiga humanidade terrestre tapirapé se encerra com um canto, ou melhor, com palavras cantadas, em que os atores-animais ou animais-atores rememoram sua transformação.

Os povos indígenas que habitam a região do Alto Xingu, também no Mato Grosso, nos dão uma versão própria da frase bíblica: no princípio era o verbo. Os kuikuros, por exemplo, dizem que a linguagem sempre existiu, mesmo antes de existir a humanidade atual criada pelos gêmeos Sol e Lua. O mundo original era habitado por demiurgos, seres poderosos que podiam fazer tudo e se transformar constantemente. Foram eles que criaram e nomearam as coisas importantes para a vida dos índios. Ao dar um nome, os demiurgos reduziam as dimensões excessivas, quase monstruosas, das coisas originais ao seu tamanho de hoje. Desse modo, os homens perderam a mandioca primordial, que dava bebida e polvilho diretamente de seus ramos, e ficaram com as espécies atuais, uns poucos tubérculos enterrados para cada planta. No tempo mítico, todos eram seres sobrenaturais; homens e animais falavam e se comunicavam. Assim, a linguagem sempre existiu, já que ela está na origem de tudo. Para os alto-xinguanos o problema a ser explicado é por que os animais perderam a capacidade de falar. O mundo dos seres sobrenaturais se apartou do mundo dos homens e dos animais, e estes últimos se separaram dos homens em uma série de eventos cheios de conflitos e vinganças, seguidos pelo castigo ou por um novo pacto. Assim, as onças, acuadas e atacadas em sua aldeia pelos gêmeos Sol e Lua, cuja mãe tinha sido por elas assassinada, resolveram, para não serem dizimadas, fugir para a floresta, tendo prometido não mais matar os humanos. Foi então que as onças começaram a rugir e grunhir e não mais puderam falar.

No Velho Testamento, o mundo é criado pela palavra de Deus. No Gênesis, no primeiro dia da criação, o Criador diz: "Faça-se a luz". E a luz se fez. "E Deus viu que a luz era boa; e separou a luz das trevas. E chamou à luz dia, e às trevas, noite". E foi com a palavra que Deus criou os animais, e do barro que ele modelou o homem, à sua imagem e semelhança, "e criou-os varão e fêmea", e com um sopro de vida em seu rosto tornou o homem "alma vivente". "Tendo, pois, o Senhor Deus formado da terra todos os animais terrestres, e todas as aves do céu, levou-os diante de Adão, para ver como este os havia de chamar; e todo nome que Adão pôs aos animais vivos, esse é seu verdadeiro nome."

No mundo mítico, não há uma cadeia evolutiva lenta e gradual. Antes, há um salto transformador através do qual os animais humanos, antiga humanidade terrestre, foram transformados em animais verdadeiros ou em heróis míticos. Os animais humanos falavam e, ao serem transformados em animais, perderam essa habilidade, que se conservou apenas nos heróis.

Na Bíblia, Adão foi criado já dotado de linguagem. Deus, o Criador, também fala. E cria o mundo com a palavra, e o homem, com um sopro. É precisamente essa faculdade de falar e de nomear que traça a linha divisória entre humanos verdadeiros e animais verdadeiros. É impossível se imaginar um ser superior ou um herói civilizador que não seja dotado da mais importante faculdade do homem: a linguagem.

No pensamento científico moderno, descendemos não de peixes, mas de macacos, numa longa cadeia evolutiva que se iniciou há pelo menos 25 milhões de anos. Tivemos de nos tornar bípedes, assumir a posição ereta, lateralizar o cérebro, aumentar e modificar a estrutura de neurônios para adquirir a faculdade que singulariza definitivamente o homem em relação aos gorilas e chipanzés.

Convém ressaltar que a faculdade humana da linguagem não se limita à nomeação de coisas e ao enfileirar linear aleatório de palavras, como contas num colar. A descrição dessa capacidade humana exige mecanismos bem mais complexos do que o mero reconhecimento da associação entre coisas e palavras, que teriam tido sua origem na imitação dos sons da natureza, como foi proposto muitas vezes. Seria preciso explicar a evolução dessa fase primeva, em que uma palavra corresponderia a uma sentença, se é que isso aconteceu, até a formação de frases, evolução determinada por princípios bem menos aparentes do que o distanciamento gradual da criação imitativa. Como explicar, dentre vários outros processos, a existência nas línguas humanas de mecanismos que permitem o encaixe de sentenças uma dentro de outras, como em *O cachorro que mordeu o gato que matou o rato que roeu o queijo morreu envenenado*, na qual a sentença *o rato que roeu o queijo* foi encaixada em *o gato matou o rato* e ambas foram embutidas na frase *o cachorro morreu envenenado*?

Se a ciência de hoje, com sua metodologia, tipos de argumentação e provas, oferece explicações de nossa origem bem diferentes das dos karajás, tapirapés, povos do Xingu e da Bíblia, há algo comum a esses mundos distantes: a evidência da universalidade de um mal definido "espírito" humano, qual seja, a necessidade comum e perene de saber quem somos, de onde viemos e para onde vamos.

Em busca de uma explicação

A questão da origem da linguagem ou, em outros termos, da evolução do comportamento comunicativo humano é altamente controvertida, dada a inexistência de provas e testemunhos factuais, diferentemente da evolução da espécie humana, para a qual existem evidências concretas. Isso tornou o tema sujeito às mais inusitadas divagações e propostas fantasiosas. Uma das primeiras teorias sobre a origem da linguagem humana é que as palavras surgiram da tentativa de imitar os sons produzidos pelos animais, como *quá-quá*, *bem-te-vi*, *cuco*, e os sons da natureza circundante, como o farfalhar das folhas, o correr das águas, o barulho do vento e da chuva, por meio de sons sibilantes ou chiantes, como *s*, *z*, *ch*, de nasais murmurantes, como *m*, e de líquidas, como *l* e *r*. A imitação tornava-se a palavra que designava o objeto. Essa teoria, conhecida como teoria onomatopaica, evoca a seu favor a existência de onomatopéias em todas as línguas. Além disso, é comum a mãe, ao mostrar ao filho pequeno um livro com animais, dizer: *olha o au-au, olha o miau, olha o cocoricó, olha o muu*, nomes que muitas vezes a criança usa para se referir ao cachorro, gato, galo e vaca. No entanto o elo perdido está em se saber como de *au-au* passa-se a *cachorro*, de *miau* a *gato*, de *cocoricó* a *galo*, de *muu* a *vaca*.

Outra possibilidade proposta, muito semelhante à explicação onomatopaica, foi a de identificar o germe da linguagem nas interjeições. Os primeiros sons produzidos pelos homens teriam sido exclamações de dor, alegria, desespero, espanto, surpresa, o que também não explica como se passou do estágio dos gritos expressando emoções à linguagem articulada de frases como *eu estou com dor*, *eu estou feliz*, *eu estou desesperado* etc.

De certo modo as teorias de uma origem imitativa propõem que a ontogênese é uma réplica da filogênese, ou seja, o desenvolvimento do indivíduo reproduz as fases da evolução da espécie.

Outra teoria, um pouco mais elaborada e com base nos processos de produção dos sons, mas também inverossímil como as demais, sugere que o esforço muscular exagerado ou difícil e especialmente os esforços rítmicos são geralmente acompanhados por ação intermitente da glote, da língua, dos lábios e do palato mole. A alternância dos movimentos de segurar e soltar a respiração, algumas vezes fazendo as cordas vocais vibrarem, produziu a voz. Assim, os primeiros sons teriam sido os que acompanham o acasalamento, o comer, as lutas e ocasiões festivas, e depois passaram a significar esses eventos.

Esse quadro cientificamente desanimador, em que a imaginação não tinha limites, fez com que a Société de Linguistique de Paris aprovasse uma moção proibindo, em 1866, toda e qualquer menção à origem da linguagem nos estudos científicos.

Desde então, contudo, a situação mudou bastante. Os avanços alcançados na biologia evolutiva, na genética e na psicologia cognitiva levaram à suspensão da proibição do tema e ao ressurgimento do interesse sobre a evolução da linguagem. Tanto assim que, em 1996, a Universidade de

Edimburgo, Escócia, foi sede da I Conferência Internacional sobre Origem da Linguagem, que teve continuação bienal: em 1998, ocorreu na Universidade de Londres; em 2000, em Paris (mesma cidade em que, mais de um século antes, se proibira o tratamento do tema); em 2002 realizou-se na Universidade de Harvard. Em 2004 acontecerá no Instituto Max Plank, em Leipzig, Alemanha.

As áreas de conhecimento listadas nas circulares convocatórias dessas conferências ilustram a perspectiva multidisciplinar com que se procura encaminhar as possíveis respostas científicas: antropologia, genética, biologia populacional, lingüística, psicologia, primatologia, etologia, paleontologia, arqueologia, vida artificial, modelagem matemática. O caráter científico e não-especulativo fica garantido pelas instruções dadas para a apresentação de propostas de comunicações. Assim, as propostas submetidas são avaliadas segundo os padrões usuais de qualidade acadêmica e devem conter teses próprias, relacionadas à literatura científica relevante, explicitando o método, a natureza dos dados e o ponto central do argumento teórico apresentado. Parece que o fantasma do imaginário do século XVIII continua rondando o tema da origem da linguagem e é preciso exorcizá-lo, garantindo a cientificidade das discussões.

O caminho percorrido para libertar o estudo da origem da linguagem de explicações religiosas ou filosóficas e o estabelecimento de padrões considerados rigorosamente científicos é longo e tortuoso, com idas e vindas, ainda em parte mal entendidas, mas é preciso percorrê-lo para avaliar o quanto já se fez e entender as novas roupagens de que o tema é revestido.

E tudo começou na Grécia

A civilização ocidental desenvolveu-se na confluência de duas longas correntes de idéias: a judaico-cristã, no que concerne às crenças religiosas, e a greco-latina, a quem devemos os primeiros elementos racionais da arte, da literatura e das ciências. Os babilônios, por exemplo, empregaram a geometria, mas foram os gregos que estabeleceram os postulados da astronomia, da aritmética e da geometria, tornando-as ciências independentes, e que nos legaram o alfabeto e a terminologia para se descrever as línguas.

Com sua necessidade insaciável de questionamento do mundo, eles formularam também questões básicas sobre a linguagem, as quais até hoje intentamos responder.

Antes de Sócrates (470/469-399 a.C.), falar e agir estavam intimamente associados. A palavra é ação, faz agir, conduz, mas também engana. Zeus, o deus supremo do Olimpo, fala forte e age eficazmente. A linguagem servia à arte da persuasão e ao homem político. É na primeira metade do século VIII a.C., com o poeta Hesíodo, que a palavra passa a ter a função de revelar a ordem do mundo.

E é com o filósofo ateniense Platão (427-347 a.C.) que a controvérsia das relações entre nomes e coisas é formulada de maneira explícita, em *Crátilo*, diálogo que trata da origem da linguagem. As perguntas que movem o debate entre o próprio e Hermógenes são: seriam os nomes (*ónoma*) provenientes de uma afinidade natural com as coisas, em outras palavras, impostos aos homens por uma necessidade da natureza, ou seriam eles o resultado de uma convenção ou de um contrato (*nómos*), isto é, originários de um ato dependente apenas do poder de julgamento dos homens?

A favor da tese naturalista, *physis*, evocam-se as onomatopéias e o simbolismo sonoro de alguns nomes. Na procura de evidências, os nomes são decompostos em partes, sendo uma delas, a raiz, a que pode revelar seu sentido verdadeiro. Essas unidades primeiras da linguagem deveriam corresponder às unidades primeiras do pensamento.

A filosofia grega visava tão-somente à compreensão da idéia original que dera lugar ao vocábulo, uma vez que a língua não era vista como um acontecimento histórico em mutação. Os gregos também não trataram da diversidade lingüística. Todas as suas teses sobre a linguagem se circunscrevem ao grego, como se a língua grega resumisse todas as demais.

É a partir do filósofo macedônio Aristóteles (384-322 a.C.) que a concepção convencionalista, em que a linguagem se destaca como um fato e uma criação eminentemente humanos, toma vulto. As palavras são construções dos homens e não uma imitação (*mímesis*) do objeto nomeado.

Nesse contexto, a cadeia evolutiva da constituição de uma linguagem humana em si não era de interesse. Desde que se fosse homem ou deus, tinha-se uma linguagem com determinadas características formais e lógicas. A questão estava em lidar com os desvios entre a imperfeita linguagem comum e a eternamente procurada perfeição da linguagem lógica, não em descobrir o seu estágio primevo.

O pensamento grego contém controvérsias que se tornam divisores de água cruciais para o estabelecimento de paradigmas que vão e vêm na gangorra da história da lingüística, tais como universalismo *versus* relativismo, racionalismo *versus* empirismo, mentalismo *versus* behaviorismo, inatismo *versus* aquisição.

Quando a linguagem é música e paixão

Se para os gregos a linguagem é razão ou, enquanto palavra que conduz à ação, persuasão e engano, para o filósofo suíço Jean-Jacques Rousseau (1712-1778) ela é acima de tudo música e paixão. Em seu belíssimo e clássico *Ensaio sobre a origem das línguas*, publicado, após sua morte, em 1781, a motivação para a linguagem humana vem da necessidade de comunicação, uma vez que os homens constituem uma sociedade. E o homem pode comunicar-se pelo movimento corporal (o gesto) ou pela vocalização (a palavra). É a linguagem como convenção que distingue o homem dos demais animais. O gesto nasce das necessidades físicas naturais; a palavra nasce da paixão, do sentimento. Como declarar o amor a uma mulher apenas com gestos? Só a poesia e a música podem fazê-lo. Se as necessidades afastam os homens, a paixão os aproxima. Segundo Rousseau, o homem não começou raciocinando, mas sentindo.

Há várias formas de linguagem: a do olhar, a do toque, a dos sinais... A comunicação pode até se dar sem palavras. O silêncio é, às vezes, mais eloqüente do que a argumentação bem engendrada. Rousseau exemplifica a linguagem sem palavras utilizando o relato de Ateneu, no qual o orador Hipérides fez absolver a cortesã Frinéia sem proferir em sua defesa uma única palavra, simplesmente apresentando-a nua aos juízes. Atos também substituem eloqüentemente a fala. Quando o levita Efraim quis vingar a morte de sua mulher assassinada pela tribo de Benjamim, não escreveu às tribos de Israel, mas dividiu o seu corpo em 12 pedaços, que enviou a elas. À horrenda visão, empunharam rapidamente as armas, gritando a uma só voz: "Não! Nunca tal coisa aconteceu em Israel, desde o dia em que nossos pais saíram do Egito até hoje." E a tribo de Benjamim foi exterminada.

Exemplos como esses se sucedem com a finalidade de demonstrar que a linguagem responde a uma necessidade interna humana, que surgiria mesmo sem o intermédio da voz. Parece a Rousseau que a invenção da arte de comunicar idéias depende menos dos órgãos da fala, e que, caso esses faltassem, outros seriam usados com o mesmo fim.

A concepção de Rousseau do fenômeno da linguagem é ampla e complexa, mas o que nos interessa aqui é sua hipótese evolutiva da linguagem vocalizada. Para ele, essa evolução está diretamente ligada ao desenvolvimento das formas de vida social.

A linguagem primitiva, produto das necessidades físicas e momentâneas, atributo natural de homens e animais, aparece nas imagens com que Rousseau descreve o "estado de natureza". Em suas próprias palavras: "Nos primeiros tempos, os homens esparsos na superfície da terra não possuíam outra sociedade que não a da família, outras leis que não as da natureza e por língua apenas o gesto e alguns sons inarticulados." É no longo período que separa o "primeiro estado de natureza" do aparecimento do que Rousseau chama de "estado de sociedade" que surge essa primeira língua universal, "grosseira e imperfeita", feita de gestos, vocalizações e onomatopéias. O homem, porém, possui um privilégio: o de ter em sua própria essência a possibilidade, pronta a se realizar, de sair do estado de natureza e desenvolver línguas de convenção ou línguas adquiridas em sociedade. As primeiras palavras livres do condicionamento das necessidades físicas, portanto, foram motivadas exclusivamente pelo sentimento e pelas necessidades morais.

Paixão, canto, música, poesia e palavra figurada precedem à linguagem simples, metódica, racional. Dos selvagens caçadores aos bárbaros pastores, aos civilizados agricultores, evoluir é, pois, perder a voz arrancada pelas paixões e encontrar o sentido distinto e próprio dos nomes das coisas vistas em sua forma verdadeira, em outras palavras, raciocinar. As primeiras línguas teriam sido caracterizadas por muitas vogais e poucas consoantes, poucas articulações, sons variados, multiplicidade de acentos; "cantar-se-ia no lugar de falar". Onomatopéias e interjeições eram ainda elementos freqüentes. Essas línguas possuíam muitos sinônimos, poucos advérbios e poucas palavras abstratas, inúmeros aumentativos e diminutivos, palavras compostas, muitas irregularidades e anomalias, prendendo-se à eufonia, ao número, à harmonia e à beleza dos sons.

A descrição feita por Rousseau das primeiras línguas é apaixonada, palpitante, assim como o é a breve descrição daquelas que ele chama de "meridionais", ou seja, faladas fora do mundo dito "civilizado". A evolução para a racionalidade é apenas anunciada na menção aos diálogos platônicos, mas com o lamento sobre a perda da idade de ouro, quando se instaura a desigualdade entre os homens e a separação entre paixão e razão, entre linguagem e mundo, entre signo e coisa, entre participação e representação. Para Rousseau, língua, sociedade e desigualdade são aquisições tardias e estão estreitamente ligadas.

O mérito do texto de Rousseau não é apenas a sua beleza estética. O seu elogio da linguagem primeva e da paixão inverte o pensamento evolutivo dominante à época, em que as línguas primitivas eram consideradas imperfeitas, pobres, no limite entre o humano e o animal, guturais, feias. Essa concepção, aliás, continua vigorando no senso comum até hoje. Ora valoriza-se o inglês pela sua praticidade, fazendo-a "a língua internacional da ciência", ora o francês pela racionalidade que se desdobra em elaboradas construções sintáticas, ora o português como "a última flor do Lácio, inculta e bela", ora o português brasileiro por sua musicalidade intrínseca. E as línguas ameríndias ou africanas são consideradas rudes, de vocabulários restritos, palavras que não se desprendem do concreto e imediato, com sons estranhos; alguns até lhes negam o estatuto de línguas e a existência de uma gramática. Foi somente no século XX que esse esquema evolutivo foi definitivamente contestado, pelo menos no âmbito da antropologia e da lingüística, como veremos na seção dedicada à diversidade das línguas.

Quando Deus não é mais a explicação

Em 1769, a Academia de Ciências de Berlim lançou um concurso sobre a seguinte questão: "Partindo da suposição dos homens abandonados a suas faculdades naturais, estariam eles em condições de inventar a linguagem? E por que meios eles conseguiriam essa invenção? Exige-se uma hipótese que a explique claramente e que resolva todas as dificuldades."

Esse concurso era em parte uma reação às proposições insatisfatórias e cientificamente insustentáveis que consideravam a linguagem um dom de Deus.

A razão para essa origem divina era sua perfeição e complexidade, não podendo ser, pois, um produto do homem primitivo, imperfeito e rústico. Essa explicação de uma dádiva divina para o fenômeno da linguagem humana também tinha sido insinuada por Platão e está presente em Rousseau como uma explicação para a evolução.

A explicação divina tem em si uma circularidade teológica: sem linguagem não há razão; sem razão, não há linguagem; sem linguagem, sem razão, o homem é incapaz de receber o ensinamento de Deus; sem ensinamento divino, o homem não tem nem razão, nem língua.

Com uma retórica inflamada, a solução apresentada pelo filósofo alemão Johann Gottfried Herder (1744-1803), em que o dilema da origem divina da linguagem é contornado, lhe dá o prêmio da Academia prussiana e seu trabalho é publicado em 1772.

Herder afirma a inseparabilidade de linguagem e pensamento: a primeira é a forma, o conteúdo, o instrumento do pensamento humano. Essa relação já estava nos gregos, mas se debatia a precedência de um ou de outro. A pergunta era: o que se originou primeiro, o pensamento ou a palavra? Para Aristóteles, o pensar precederia à nomeação. A cognição e a abstração eram, assim, hierarquicamente superiores à linguagem, que deles dependeria para ser expressa.

A hipótese de Herder é de uma origem comum e paralela, tanto da linguagem quanto do pensamento, através de etapas sucessivas de crescimento e maturidade. Anula-se a questão da precedência, de quem vem primeiro. Mas permanece o grande buraco negro de todas as propostas existentes: tendo-se como inaceitável o dom divino, como a cognição se instala na mente humana, mesmo em seu primeiro estágio mais "primitivo" da relação forma e significado, isto é, como se une a corrente sonora ao que é expresso?

A falta de evidências e de provas concretas, somada ao fato de explicações incompletas conterem a possibilidade lógica de se evocarem espíritos divinos para explicar a faculdade humana da linguagem, desacreditaram a questão da evolução no século XIX, uma época em que o cientificismo passava a dominar.

A produção sobre a origem da linguagem do século XVIII foi toda baseada num pensamento teológico ou filosófico. Entende-se, assim, por que a origem da linguagem foi proibida como tema pela Société de Linguistique de Paris em 1866.

O encontro com a diversidade

O século XVI foi marcado pela expansão territorial da Europa e pela conquista e colonização do chamado Novo Mundo. Foi uma época de deslumbramento no encontro com outros povos e culturas e, também, de violências na submissão e no extermínio do mais fraco. Castelos e abadias desmoronavam; os desejos e as crenças de um velho mundo esvaeciam para sempre, afundados no grande abismo aberto pela entrada em cena de novos céus, novas árvores, novos animais, novas sociedades. As mudanças sociais e políticas que se operaram com o reconhecimento de outros mundos tiveram conseqüências diretas nos caminhos da lingüística, que se tornaram mais numerosos e complexos.

Foi essa a época do renascimento das letras e das artes, em que se decreta a morte do obscurantismo medieval e a volta ao estudo do grego e do latim. Os horizontes lingüísticos também se ampliam com as análises do hebraico e do árabe, línguas semíticas cujas estruturas e categorias diferem daquelas em torno das quais havia se fixado a tradição descritiva gramatical.

O horizonte lingüístico se ampliou não só com a convivência de tradições gramaticais diferentes, mas também com o estudo sistemático das línguas vivas da Europa, além do estudo do latim e do grego.

É no final do século XVI, nesse contexto em que a diversidade começava a encontrar o seu lugar, que surgem no cenário as línguas dos povos das Américas. Em 1595, vem à luz a *Arte de gramática da língua mais usada na costa do*

Brasil, feita pelo padre espanhol José de Anchieta, da Companhia de Jesus. Foi o segundo documento sobre as línguas do Novo Mundo, precedido apenas pela *Gramática do quechua*, língua do Peru, datada de 1560.

A questão da origem da linguagem se torna mais complexa ainda. Sem se poder recorrer a Deus para explicar o dom da linguagem humana, precisava-se agora explicar a diversidade. Teriam todas as línguas derivado de uma língua comum? E por que teriam se tornado tão diferentes? Em que consistiriam essas diferenças? São essas as perguntas que passam a ser o foco de investigação dos estudiosos nos séculos seguintes.

A explicação da diversidade não podia encontrar respostas nas teorias dos filósofos racionalistas, cujo expoente máximo foi o francês René Descartes (1596-1650). Seu objetivo não era descrever as peculiaridades de uma língua, mas formalizar e nomear os procedimentos lógicos da linguagem humana em geral. Surge, então, um novo paradigma, que poderia contribuir para se entender melhor a evolução das línguas, seu passado e sua origem.

Quando a língua é um produto histórico

A partir do século XVIII, filósofos e gramáticos dedicaram-se ao exame dos dados e informações provenientes das diferentes línguas e povos, trazidos num fluxo contínuo pelos viajantes que acompanhavam a expansão das fronteiras do mundo ocidental. O reconhecimento da diversidade lingüística e cultural impulsionou novas linhas de investigação e novas sínteses. Além disso, as informações sobre línguas do Novo Mundo ofereciam uma oportunidade para verificar a possibilidade de se aplicar às mudanças lingüísticas a concepção vigente à época, própria da botânica e da zoologia, de um desenvolvimento que teria a direção de estruturas simples para estruturas complexas.

A primeira etapa em qualquer disciplina que se queira científica é ter um método seguro de classificar os seus objetos. E foi no século XIX que a lingüística se constituiu como uma ciência autônoma pelo desenvolvimento de uma metodologia própria e rigorosa para explicar a diversidade, através de um estudo comparativo-genético que estabeleceria as relações históricas entre línguas bastante diferenciadas e, por vezes, distantes geograficamente.

Um meio encontrado para se explicar a diversidade foi atribuir uma origem milenar comum a várias línguas que teriam derivado de uma língua-mãe originária. A diversidade seria resultante de migrações, em épocas diferentes, de populações que outrora habitavam um mesmo território.

Essas são as pressuposições básicas do método histórico-comparativo que dominou o mundo lingüístico no século XIX: as línguas passaram então a ser vistas como produtos históricos, tornando-se emblemáticas de nacionalidades distintas.

Um grande passo na direção do estabelecimento de uma relação não-fortuita entre línguas distantes e bastante diferenciadas foi dado ainda no final do século XVIII, quando, em 1786, *Sir* William Jones (1746-1794), funcionário da Companhia das Índias Ocidentais, leu, perante a Royal Asiatic Society em Calcutá (Índia), seu famoso trabalho que mostrava as possíveis relações históricas entre o sânscrito da Índia, o grego, o latim e as línguas germânicas.

Coube ao lingüista e escritor alemão Jacob Grimm (1785-1863), co-autor com seu irmão Wilhelm Grimm dos famosos *Contos de fada*, formular como "lei" as relações históricas detectadas por *Sir* William Jones e as correspondências sistemáticas descritas pelo lingüista dinamarquês Rasmus Christian Rask (1787-1832). Nascia, assim, o grande agrupamento de línguas denominado indo-europeu, produto de uma reconstrução feita a partir de documentos de línguas não mais faladas, como o gótico, o hitita e o latim, e de dados de outras em pleno vigor, como o português, o russo, o inglês, o islandês, o búlgaro, o armênio (figura 1).

A construção do proto-indo-europeu, a língua-mãe, e a inclusão de línguas dela descendentes numa grande família foi a missão da lingüística histórica no século XIX. No início do século XX já se sabia que esse grande agrupamento incluía cerca de 60 línguas distribuídas num vastíssimo território que ia da Europa mediterrânea à Noruega e à Islândia, da França e da Inglaterra até a Europa oriental, a Rússia ocidental, a Ásia menor, e, rumo ao leste, até a antiga Pérsia e a Índia.

A pedra de toque do método histórico-comparativo é o estabelecimento de *cognatos*, palavras descendentes da mesma palavra antiga e que exibem semelhanças sistemáti-

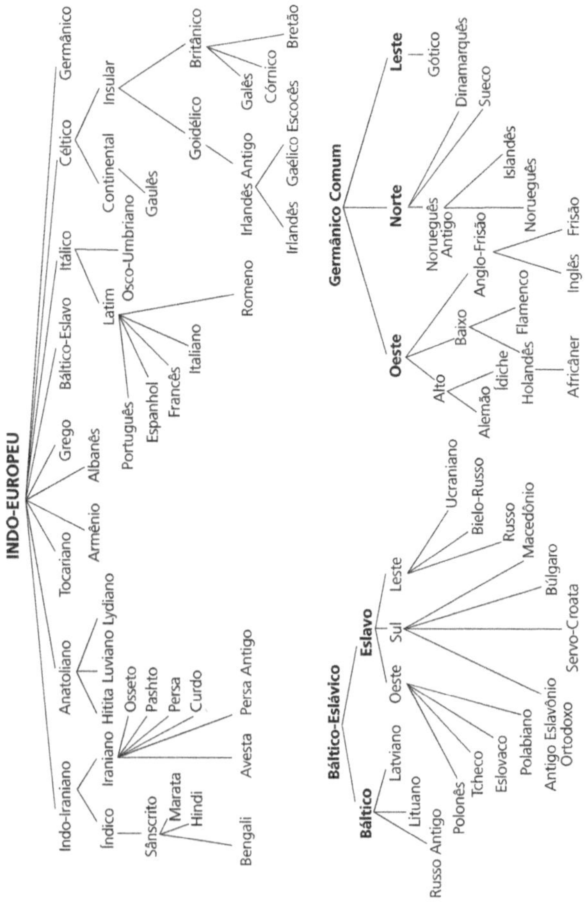

Figura 1. Árvore genealógica de línguas do tronco indo-europeu.

cas e numerosas em suas formas fonéticas e sentidos. A quantidade numérica dessas correspondências afastava a hipótese de as semelhanças serem devidas a um mero acaso, sendo a causa mais provável uma origem histórica comum. A língua ancestral, ou protolíngua, era o resultado de uma reconstrução feita a partir dessas recorrências — os cognatos — encontradas nas línguas derivadas.

A lingüística comparativa clássica adota uma representação em forma de árvore genealógica que mostra os agrupamentos das línguas em famílias, das famílias em troncos e dos troncos em filos.

As técnicas auxiliares ao método histórico-comparativo são a léxico-estatística e a glotocronologia, que se assemelham ao método de datação pelo Carbono 14 em arqueologia. Através da retenção de cognatos expressa em percentuais é possível medir e datar a profundidade temporal entre os diversos níveis da árvore genealógica.

À procura da primeira língua

A potencialidade do método histórico-comparativo para recuar de modo científico no tempo levou alguns estudiosos a aplicá-lo para chegar à língua originária.

O dinamarquês Holger Pedersen (1867-1953) lançou a hipótese, em 1905, de que o indo-europeu teria sido apenas um ramo de uma macrofamília batizada de nostrático e depois denominada euro-asiático pelo lingüista norte-americano Joseph Greenberg (1915-2001). O agrupamento euro-asiático incluiria línguas faladas no extremo norte dos continentes europeu, asiático e americano (como finlandês, húngaro, lapão, samoiedo e esquimó-aleuta) e na Ásia menor e central (como turco e mongol). Com relação ao Novo Mundo, Greenberg, em seu livro *Languages in the Americas* (1987), apresenta o que ele considera provas fundamentadas da existência de apenas três grandes agrupamentos de línguas. Ao esquimó-aleuta e ao na-dene, já reconhecidos desde o final do século XIX, Greenberg acrescenta o ameríndio, que reuniria todas as línguas nativas não incluídas nos dois primeiros. No quadro atual emergem não mais do que uma dúzia de macrofamílias lingüísticas, do porte do euro-asiático e do ameríndio.

À corrente de Greenberg alia-se o geneticista italiano Luigi Cavalli-Sforza (1922-), que estabelece correlações entre as populações humanas, identificadas com base em evidências genéticas, e as grandes famílias lingüísticas.

Um passo mais à frente é dado por Merrit Ruhlen, que em seu livro *On the Origin of Languages* (1994) arrola 27 raízes comuns a línguas da África e das Américas. Excluindo fatores como o empréstimo, a onomatopéia e o acaso, que poderiam também explicar as semelhanças, Ruhlen afirma ser viável voltar a investigar a origem comum de todas as línguas do mundo. Duas perguntas são feitas: como conciliar essas descobertas com a perspectiva científica atual da pré-história humana? Se todas as línguas derivam de uma única língua originária, quando e onde esta foi falada?

Para responder a essas perguntas torna-se necessária uma pesquisa multidisciplinar que conte com a colaboração de lingüistas, arqueólogos, historiadores, antropólogos e geneticistas. Segundo Ruhlen, as descobertas da arqueologia e da genética vêm reforçar a hipótese de uma primeira língua-mãe.

A arqueologia, hoje, nos diz que todos nós temos um ancestral comum que viveu entre 100 e 60 mil anos atrás na África, mas a verdadeira transição para a humanidade moderna teria ocorrido na passagem do Paleolítico médio ao Paleolítico recente, ou seja, em torno de 50 mil anos atrás.

As evidências para essa afirmação são de ordem cultural e provêm da documentação de mudanças surpreendentes na fabricação de utensílios, que passam a ser não mais a reprodução de uma mesma forma simples, mas um produto da criatividade individual. Há 40 mil anos, surgiram tumbas, fogueiras, lares e habitações que viriam a ser indicativos do momento em que a evolução cultural substituiu a biológica em termos de seu valor adaptativo.

Datam dessa época os homens modernos, que da África se espalham pelo mundo, suplantando as formas mais antigas de *Homo sapiens*, com movimentos de colonização que alcançam seu ponto máximo com a revolução agrícola, ocorrida por volta de 10 mil anos atrás.

É difícil imaginar uma transformação tão rápida e profunda sem considerar o papel crucial de uma linguagem já com todos os elementos das línguas modernas. Em outras palavras, data-se dessa época a existência de uma primeira língua.

A aceitação das macroclassificações genéticas e de sua potencialidade para se chegar à língua original não é um ponto pacífico para todos os lingüistas. As hipóteses de Greenberg e de seus seguidores exigem uma revisão radical do método histórico-comparativo clássico, pelo qual só se poderia postular uma afinidade genética entre línguas se fosse encontrado um número significativo de cognatos. Pela nova proposta, basta um número reduzido de semelhanças para que se possa postular um macroagrupamento genético. Nessa perspectiva as evidências da filiação genética são tênues.

Além disso, as semelhanças entre as línguas podem ser explicadas não pelo fato de terem uma origem comum, mas pelo contato contínuo entre povos vizinhos, mesmo se falantes de línguas geneticamente distintas. Essa classificação por áreas geográficas complementa, ou até substitui, a classificação representada por árvores genealógicas.

A diversidade lingüística humana nunca deixou de ser objeto de perguntas, investigações, explicações do mito da Torre de Babel à pesquisa científica.

Hoje, em todo o mundo, são ainda faladas de 4.500 a 6.000 línguas, que se distribuem de maneira desigual. Certas regiões são conhecidas pela incrível concentração de línguas diferentes, como a América do Sul e a Nova Guiné.

Por outro lado, as línguas européias ocidentais possuem um grau de diversidade muito reduzido, fruto de fatores históricos específicos. É a família indo-européia que conta com o maior número de falantes e é uma das mais extensas do ponto de vista espacial. E há línguas que têm, hoje, apenas uns poucos falantes, como, no Brasil, os 400 kuikuros que habitam quatro pequenas aldeias da Amazônia meridional.

As perguntas se repetem: qual a origem dessa diversidade? É possível conciliar a idéia de uma origem comum da espécie humana moderna a uma origem comum de todas as línguas humanas? Para a primeira pergunta, algumas respostas foram dadas pela lingüística histórica, como vimos. Para a segunda as respostas estão longe de qualquer certeza.

Um fato é, porém, fundamental para o entendimento da história e da natureza das línguas humanas. Elas não são infinitamente diversas entre si; em outras palavras, a diversidade é contida dentro de limites claros. Há características profundas comuns a todas as línguas, princípios e operações que encontramos em todas elas. As perguntas reaparecem: se existe esse fundo universal, é esta uma evidência para a hipótese de uma origem comum de todas as línguas? A explicação deve ser buscada numa língua ancestral ou na própria natureza da linguagem humana? O segundo caminho torna evidentemente obsoleta a polêmica entre as hipóteses monogenista (pela qual tudo começou com uma única língua falada por um único povo) e poligenista (que afirma que a pluralidade surgiu com o próprio aparecer da linguagem humana). Além disso, ele abre os novos horizontes da pesquisa contemporânea sobre linguagem e evolução.

A teoria da evolução

A evolução pode ser considerada um processo de mudança e deve ser entendida em dois níveis diferentes. De um lado, ela acontece no interior das línguas, quando estas mudam ao longo do tempo enquanto sistemas; do outro lado, podemos falar de evolução externa, quando a linguagem como faculdade cognitiva emerge na evolução dos humanos.

O século XIX assistiu a uma verdadeira revolução nas ciências, sobretudo nas ciências naturais. Começou a entrar em crise a concepção divina que afirmava que todas as criaturas são obra de Deus; a ela foi se contrapondo uma noção naturalista que fazia do aparecimento de novas espécies e da extinção de outras um processo natural. A idéia de variabilidade já estava difundida entre os naturalistas, mas não se sabia ainda como esse processo de mudança ocorria. A seleção natural foi a explicação encontrada pelo naturalista inglês Charles Darwin (1809-1882), tornando-se o seu maior legado.

Darwin apresentou a seleção natural como explicação do processo de aparecimento e desaparecimento de espécies desde o surgimento da vida no planeta até os dias atuais. Até então a explicação para a diversidade existente era a de que os seres vivos haviam sido criados por Deus em uma ordem hierárquica, dos mais simples aos mais complexos. Nessa cadeia cada ser tinha o seu lugar definido desde as origens e não havia surgimento ou extinção de espécies. Mas como explicar a existência de animais já extintos, como os dinossauros, comprovada através de achados fósseis? A teoria da evolução por seleção natural veio a reconhecer o dinamismo das espécies, o que naturalmente a levou a se contrapor à visão estática da explicação divina.

Darwin descreve a seleção natural como um processo através do qual características favoráveis, ou seja, que aumentam a capacidade de um indivíduo de ter descendentes, são transmitidas hereditariamente, de forma a oferecer vantagens reprodutivas aos indivíduos que as herdam. A seleção natural está, assim, diretamente ligada ao sucesso reprodutivo de um indivíduo. Ao longo do tempo as características biológicas mais favoráveis tendem a se tornar mais comuns enquanto as menos favoráveis tornam-se mais escassas. Portanto, para que a seleção natural atue, são necessárias três condições: a existência de variabilidade genética na população; limitação de recursos naturais, gerando competição entre os indivíduos de uma mesma espécie; hereditariedade das características favoráveis. É claro que ser favorável ou não depende inteiramente das condições ambientais locais, podendo a mesma característica ser extremamente favorável em um ambiente e desfavorável em outro. Além disso, um mesmo local pode sofrer, ao longo de centenas de anos, mudanças ambientais que tornem características antes vantajosas menos favoráveis.

A publicação, em 1859, do livro *Origem das espécies* gerou grande polêmica, e a obra demorou a ser aceita, tanto no meio científico quanto fora dele. As críticas a Darwin vieram de todos os lados: daqueles preocupados com a possibilidade de justificar o determinismo biológico; dos tradicionalistas, por ela ferir valores religiosos; dos que condenavam o fato de reduzir a complexidade social a instintos e ações individualistas. Além disso, os genes ainda não tinham sido descobertos: o trabalho do botânico austríaco Gregor Mendel (1822-1884) sobre a hereditariedade ainda não tinha recebido o devido reconhecimento. O mecanismo pelo qual as características dos pais passam para seus descendentes não era conhecido, o que enfraquecia as idéias darwinistas.

Pode-se dizer que questões filosóficas e metafísicas como "Por que existem seres humanos?" e "Qual o seu lugar na Terra e no Universo?" transformaram-se em questões científicas e técnicas como "Quando na história dos primatas nós nos tornamos humanos?". Foi essa transformação que fez boa parte do sucesso do darwinismo. Em outras palavras, perguntas impossíveis de serem respondidas racionalmente foram transformadas em outras que podiam ser respondidas e até certo ponto comprovadas pelo método científico.

A partir de então, a evolução continuou sendo estudada de diferentes pontos de vista e a teoria evolutiva acabou sendo reformulada várias vezes, embora mantendo os fundamentos propostos por Darwin. O reconhecimento do trabalho de Gregor Mendel, no início do século XX, consagrou o mecanismo da herança genética, explicando-a através das leis de hereditariedade. Em seguida, na década de 1930, os achados de Mendel e a descoberta do gene fizeram emergir um novo modo de olhar a evolução, reformulando as idéias darwinistas numa teoria conhecida como neodarwinismo. No entanto, foi somente na década de 1940 que um novo consenso se estabeleceu entre historiadores naturais, geneticistas e paleontólogos, criando a chamada Síntese

Moderna, teoria que compreendia três princípios fundamentais: (1) a evolução se processa de modo gradual, com o acúmulo de mudanças ao longo do tempo; (2) essa transformação resulta da ação da seleção natural sobre os genes; (3) esses dois processos explicam não somente mudanças dentro das espécies como também a origem de novas espécies. Com isso, o darwinismo ganhou uma nova força.

O entendimento da evolução humana, nesse contexto, ganhou, também, novo fôlego. A grande quantidade de fósseis de hominídeos encontrados pelo mundo, principalmente na África, junto com os avanços da biologia molecular e o desenvolvimento das teorias ecológicas, forneceu pistas para se compreender o processo de evolução a partir do momento em que se deu a separação entre as linhagens que levaram aos chipanzés e aos humanos, em torno de seis a sete milhões de anos atrás (figura 2).

Começa a ser contada, assim, a história evolutiva do homem.

A origem da linguagem e a teoria da evolução

Dentre as características que separaram, ao longo da evolução, os humanos dos outros primatas, duas são consideradas fundamentais:

- A bipedia, ou seja, a capacidade de andar sobre duas pernas mantendo a posição ereta do corpo;
- A encefalização, ou seja, o aumento gradual do tamanho do cérebro.

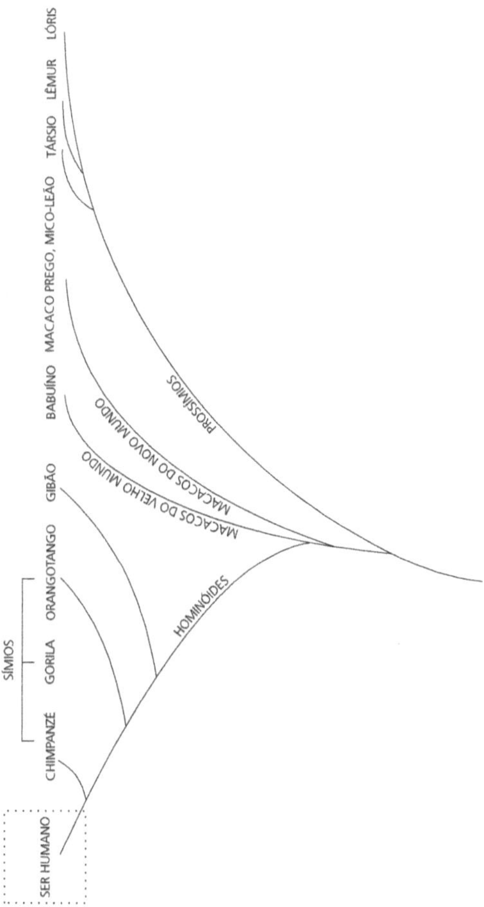

Figura 2. Árvore genealógica dos primatas.

Na escala evolutiva, a linguagem aparece nas espécies tardias do gênero *Homo* e tem sido considerada um dos elementos distintivos que oporiam humanos a não-humanos (ver figura 3 para uma visão geral dos acontecimentos que marcaram a evolução humana).

A linguagem humana, em seus componentes físico e mental, não é igual a nenhum outro tipo de linguagem animal conhecida, embora diversas espécies apresentem sistemas de comunicação bastante desenvolvidos.

No que tange ao componente físico ou anatômico, é importante observar que a posição da laringe, no homem, permite a produção de uma gama ampla e diversificada de sons graças a vibrações específicas e diferenciadas das cordas vocais. A modificação da altura da laringe, mais baixa nos humanos do que nos chipanzés, foi uma das condições físicas necessárias para o advento da linguagem humana vocalizada. No entanto, essa modificação pode ter começado há mais de um milhão de anos, com os *Homo erectus* e *ergaster*, ou seja, antes do advento da linguagem plenamente desenvolvida.

Quanto ao componente mental, o homem possuiria uma faculdade da linguagem, pela qual é capaz de adquirir qualquer língua. Essa capacidade seria inata, embora seja objeto de debate o que seria específico de tal capacidade inata. Voltaremos adiante a essa questão.

Dois tipos de evidências sustentam a hipótese relativa à data de nascimento da linguagem. O primeiro tem como base os estudos de crânios de hominídeos, inferindo as

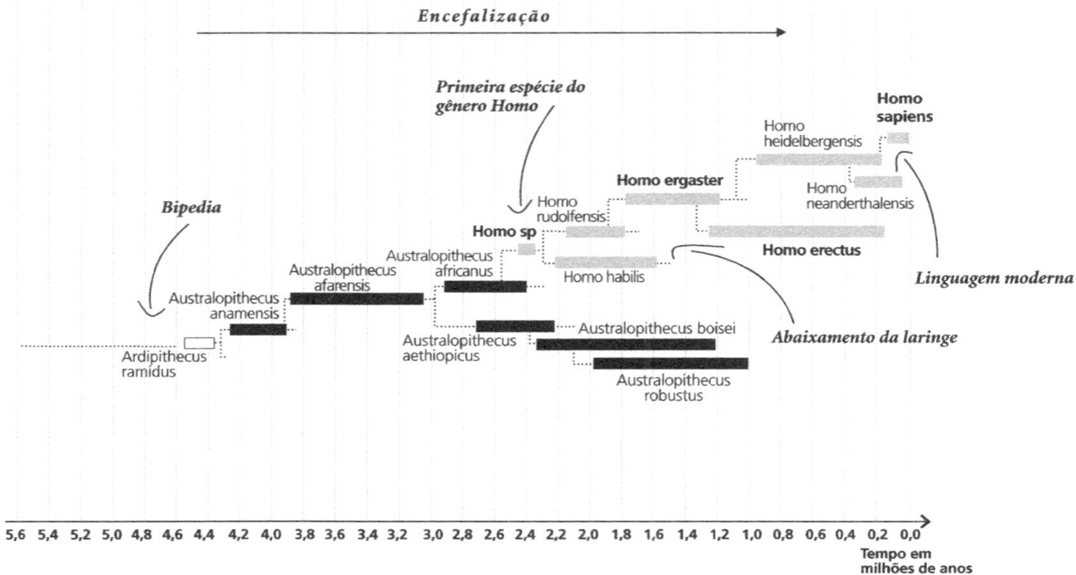

Figura 3. Árvore genealógica evolutiva dos humanos. As barras pretas representam espécies do gênero *Australopithecus*, enquanto as barras cinza representam espécies do gênero *Homo*.

características da superfície do cérebro e procurando relacioná-las às capacidades mentais que fundamentam a linguagem. O segundo tipo de evidência reside na investigação das estruturas anatômicas e fisiológicas que possibilitam a produção da voz, já que o trato vocal dos seres humanos, que inclui todos os órgãos envolvidos na fala, é diferente do dos outros animais.

Essas pesquisas enfocam o aspecto individual da produção e compreensão da linguagem, domínio em que atua a seleção natural. No entanto, é preciso lembrar que o desenvolvimento da linguagem aconteceu, ao que tudo indica, no momento em que as relações sociais entre os homens se tornaram mais complexas, sendo impossível separar o indivíduo com suas capacidades físicas e biológicas de sua relação com o contexto social do qual faz parte. Essa nova abordagem procura compreender o surgimento da linguagem em função da vida em sociedade.

A origem da linguagem: uma agenda em aberto

Considerando as várias vertentes da discussão atual em torno da origem e evolução da linguagem humana, podemos identificar algumas das principais questões hoje em pauta e as respostas, não poucas vezes conflitantes, oferecidas pelos especialistas.

- *A linguagem como nós a conhecemos é compartilhada com outros animais ou é um atributo exclusivamente humano?*

O termo linguagem tem sido usado também para se referir a sistemas de comunicação no mundo animal. É o caso da dança que as abelhas executam para comunicar aos outros membros da colméia o local e a distância em que se encontra a fonte de alimento. Entre as linguagens vocalizadas se encontram os cantos e os chamamentos de várias espécies de aves que vêm sendo amplamente estudados dos pontos de vista qualitativo e quantitativo. No entanto, a maior fonte de comparação com a linguagem humana tem sido a investigação dos sistemas de comunicação existentes entre macacos, através tanto da observação do comportamento *in natura* como de experimentos em laboratório.

O debate entre os pesquisadores se concentra na seguinte questão: onde há continuidade e descontinuidade na passagem desses sistemas de comunicação para a linguagem humana?

Baseando-se, em grande parte, em estudos feitos com chipanzés, alguns dos traços que antes eram considerados distintivos da linguagem humana passaram a ser objeto de discussão.

Entre as precondições para a existência de uma faculdade humana de linguagem estão as capacidades de classificar ou categorizar o mundo, de simbolizar e de fazer hipóteses sobre o estado mental do outro. Hoje em dia comprova-se que essas três condições são encontradas nos macacos.

Quando um macaco avisa aos seus companheiros por meio de gritos distintos a presença de diferentes tipos de predadores, ele está nos primeiros estágios da capacidade de classificação ou categorização.

Os macacos não falam, mas muitos tentaram ensinar-lhes a falar, ou melhor, a aprender um sistema de comunicação parecido com a linguagem humana. Os famosos chipanzés Washoe e Sarah, casos clássicos de experimentos em laboratório, chegaram a usar gestos, objetos ou até pictogramas para se referir a coisas no mundo. Eles podiam, por exemplo, pegar e mostrar um cubo preto para significar e comunicar o desejo de comer uma laranja que estava em cima de uma mesa num canto da sala. Muito raramente, porém, eles manifestaram um comportamento revelador do prazer de nomear por nomear, desvinculado da necessidade, prazer presente na criança humana na idade de dois anos. Jamais os nossos chipanzés conseguiram construir qualquer sinal que pudesse se assemelhar a uma frase. A linguagem humana possui algo qualitativamente diferente, sobretudo no que diz respeito a sua rica e infinita capacidade de criação de sentenças.

Para alguns pesquisadores, a faculdade da linguagem é uma adaptação extremamente complexa, que foi sujeita às leis da seleção natural na história evolutiva humana recente, servindo à função de comunicação com extrema efetividade. Embora possa haver mecanismos análogos no mundo animal, a versão humana foi modificada pela seleção natural de tal forma que se formaram traços exclusivos da nossa espécie.

Um argumento que singulariza de maneira formal a linguagem humana é desenvolvido pelo lingüista norte-americano Noam Chomsky, ao distinguir uma *faculdade da linguagem em sentido amplo* e uma *faculdade da linguagem em sentido estrito.* Na primeira, há mecanismos presentes também nos animais não-humanos, como o sistema sensorial-motor, que permite a compreensão (auditiva) e a produção (articulatória) da linguagem, e o sistema conceitual-intencional, que associa expressões a significados e a intenções comunicativas. Na faculdade da linguagem em sentido estrito, há um mecanismo de tipo computacional único e exclusivo da linguagem humana, a recursividade, produto recente da evolução lingüística. Além disso, as estruturas produzidas pela linguagem humana são infinitas, porque cada frase é uma nova criação, nunca simples repetição, ou seja, nunca se diz a mesma coisa do mesmo modo. O mecanismo de recursividade permite encaixar construções uma dentro da outra, como por exemplo um *alarme antifurto, um alarme antiantifurto, um alarme antiantiantifurto*, e assim por diante. A recursividade também se manifesta em construções sintáticas como *A menina que namorava o rapaz que dançou com sua irmã na festa a que toda a turma que freqüenta a praia compareceu casou com um americano.* É esse mecanismo computacional, já referido na "Introdução", que torna a linguagem humana capaz de criar construções virtualmente infinitas fazendo uso de meios finitos.

- *A linguagem humana teria evoluído gradualmente ou em saltos? Em outras palavras, a sua evolução foi contínua, através de pequenas mutações nos sistemas de comunicação animal no decorrer de longos períodos de tempo? Ou descontínua, com mutações-chave ocorridas em períodos relativamente curtos e que teriam levado a uma mudança geral de padrões físicos e mentais, permitindo, assim, o surgimento da linguagem humana?*

No decorrer do século XX, houve muita divergência sobre as questões relativas à mudança lingüística, tanto interna, quanto externa. A primeira controvérsia é se essas mudanças são lentas e graduais ou se são abruptas e catastróficas. Duas correntes da lingüística — o estruturalismo, atuante na primeira metade do século, e o funcionalismo presente hoje — optam pela primeira solução: as mudanças teriam sido lentas e graduais.

Já a visão da teoria gerativa entende a mudança histórica e a mudança evolutiva da linguagem dos não-humanos para a dos humanos como abrupta ou catastrófica. Chomsky propõe que a origem do que ele chama de "Dispositivo para a aquisição da linguagem" se deu por uma macromutação que causou a emergência, quase que repentina, da capacidade de recursividade (que, como vimos, é considerada a marca distintiva da espécie humana).

As posições contrastantes pró e contra o gradualismo no debate sobre a origem da linguagem ecoam perfeitamente a discussão atual em biologia em torno da hipótese da evolução gradual, defendida por cientistas como Richard Dawkins, e a do equilíbrio pontuado ou evolução aos saltos, defendida por Stephen Jay Gould, entre outros.

Entre a posição catastrófica e a do gradualismo, há propostas intermediárias. Uma delas é a que vê na linguagem um caso de "evolução em mosaico". Há aspectos contínuos, comuns a humanos e outros primatas, como o mecanismo da audição. Por outro lado, o sistema cerebral se revela como tendo uma continuidade moderada. No caso de diferenças quantitativas, como o tamanho do cérebro, há continuidade. Diferenças qualitativas, como a existência de áreas do cérebro humano claramente associadas à produção da fala, apontam para a descontinuidade.

- *A linguagem é uma faculdade inata ao ser humano ou é aprendida?*

Contrariamente à teoria behaviorista, pela qual a linguagem é aprendida através da internalização paulatina, na mente humana em branco, de estímulos repetidos vindos do mundo exterior, na hipótese inatista o homem já nasce com um dispositivo mental e universal para adquirir e externalizar a linguagem.

Eric Lenneberg (1921-1975), lingüista, neurologista e biólogo norte-americano, considerava que a aquisição da linguagem é natural e se manifesta graças à exposição a dados lingüísticos suficientes num período determinado da maturação do indivíduo. A surpreendente rapidez com que a criança entende e produz sentenças formalmente complexas em sua própria língua não pode ser explicada sem se admitir que esse tipo de aprendizagem é determinado por uma espécie de roteiro que está dentro da criança desde que ela foi concebida, porque determinado geneticamente. Aos seis, sete anos, a gramática de uma criança está completa e ela se comunica de maneira eficaz com os adultos ou com outras crianças. Como ela poderia ter construído uma gramática completa de sua língua se as frases que ela escuta são incompletas, fragmentadas, e, aparentemente, sempre diferentes? Se, ao contrário, a capacidade de falar uma língua fosse o resultado de um processo de aprendizagem, a linguagem falada não passaria de um comportamento cultural que se aprende quando criança, como escrever ou pedalar. Uma teoria que postula uma aprendizagem gradual e mimética não dá conta da rapidez com que a criança constrói uma gramática.

A linguagem seria então como um sexto sentido, um instinto, independente da vontade e da consciência do indivíduo; não se ensina a ver, nem a ouvir; também não se ensina a falar, nem a andar. Essas capacidades só surgem no momento e etapa de desenvolvimento biológico apropriados.

Um argumento para comprovar a capacidade inata da linguagem vem de fatos simples. Por exemplo, qualquer atividade que requeira uma suspensão do movimento inspiratório, como tocar flauta ou nadar, é penosa, exige treinamento e força de vontade. Falar altera a relação entre os movimentos inspiratório e expiratório, aumenta-se a fase do movimento expiratório e suspende-se o início da fase do movimento inspiratório. Porém, uma criança aprende a falar sem fazer um treinamento específico para isso.

Inconclusão

A questão da origem da linguagem, tema proibido no século XIX pela Société de Linguistique de Paris, como vimos, retornou à cena lingüística, após mais de cem anos de ostracismo, em outras bases, com outras diretrizes e outros tipos de argumentação. Nesse interregno, o cenário havia evidentemente mudado. O paradigma do comparativismo histórico cedera lugar, do outro lado do Atlântico, ao estruturalismo do lingüista suíço Ferdinand de Saussure (1857-1913) e do russo Roman Jakobson (1896-1982), e do lado de cá ao behaviorismo do norte-americano Leonard Bloomfield (1887-1949), aliado à metodologia taxonômica e distributiva dos norte-americanos Kenneth Pike (1912-2000) e Charles Hockett (1916-2000), entre vários outros.

Na década de 1950, o estruturalismo havia chegado ao seu ápice, com manuais introdutórios e coletâneas de artigos, quando surge um pequeno livrinho, *Estruturas sintáticas*, do jovem lingüista norte-americano Noam Chomsky (1938-), ex-discípulo de Zellig Harris (1909-1992). Chomsky alinha-se ao novo paradigma, denominado "revolução cognitiva", que se opõe ao behaviorismo, ao empirismo e ao funcionalismo, vigorantes até meados do século XX.

O novo modelo preconiza ser o alvo do estudo lingüístico não mais a descrição sistêmica da produção e do processamento da fala, mas a caracterização do modelo computacional subjacente à faculdade humana da linguagem. Com essa mudança, a lingüística deixa de ter como interlocutor as ciências sociais e passa ao domínio da psicologia cognitiva.

Hoje em dia, no palco lingüístico, dois modelos concorrem na questão da origem da linguagem: o programa minimalista liderado por Noam Chomsky, professor do

Massachusetts Institute of Technology, e um novo funcionalismo, cuja combativa figura de proa é Talmy Givón (1936-), professor da Universidade de Oregon.

No programa minimalista de Chomsky o alvo é a formalização de uma gramática universal única, já que a faculdade da linguagem é igual para todos os homens e independe, assim, de fatores sociais e geográficos ou de limites da execução. O que se procura retratar é um falante/ouvinte ideal. A proposta de Chomsky retoma, até certo ponto, o que o filósofo e cientista inglês Roger Bacon (1220-1292), especialista em grego, árabe e hebraico, formulara no século XIII: "A gramática é uma só e a mesma para todas as línguas em sua substância, as diferenças de superfície entre elas são variações meramente acidentais."

O movimento inverso de Talmy Givón tem como ponto de partida a produção e suas variações e motivações funcionais, o condicionamento da linguagem ao contexto cultural e à pragmática comunicativa, enfim, aos fatores que condicionam a execução, como limitação da memória, tempo e estratégias de processamento, acessibilidade ao contexto cultural compartilhado etc...

Se a teoria da universalidade da linguagem de Chomsky pode ser vista como uma modernização da busca racionalista cartesiana do século XVII, a de Givón tem como mentor Joseph Greenberg, lingüista a quem dedica seu recente livro sobre a evolução da linguagem, *Biolinguistics*, "por nunca ter desistido de procurar o equilíbrio sutil entre a diversidade das línguas humanas e universalidade da linguagem humana".

Teorias diametralmente opostas, sem dúvida alguma, resultam em propostas irreconciliáveis sobre a intrincada questão da origem da linguagem. Com base na teoria chomskiana, não se pode aceitar a aquisição lenta e gradual que se teria verificado *pari passu* ao desenvolvimento social, pois a distância temporal e o corte epistemológico do novo paradigma com o passado são mais profundos e incisivos. Para Givón, em cuja teoria não se detecta tal corte epistemológico, mas sim uma continuidade atualizada do modelo anterior, é possível conciliar passado e presente, aceitando e desenhando experimentos que comprovem uma aquisição lenta e gradual compatível à média da velocidade adaptativa proposta pela teoria darwinista.

Há, assim, dois centros polares nos Estados Unidos da América, ambos com equipes multidisciplinares das quais participam lingüistas, biólogos, psicólogos e filósofos, e cada um com uma proposta emanada de teorias epistemologicamente opostas, com o objetivo de lançar novas luzes sobre a questão milenar da origem da linguagem.

São as teorias que guiam as interpretações da empiria, ao mesmo tempo em que recortam os dados com os quais são construídos os experimentos. Os resultados embasam os argumentos que comprovarão as premissas iniciais da proposta. Se por um lado as teorias nos permitem ver e interpretar dados e, assim, construir uma realidade, por outro só nos será revelado aquilo que está em conformidade com suas premissas iniciais. Assim, ao mesmo tempo em que uma teoria revela, ela também esconde.

E nós — participantes à distância e leitores da grande aventura que é a busca por uma teoria com comprovação científica da origem da linguagem, que assumiu no decorrer de muitos séculos as mais variadas roupagens — temos impressões e entendimentos que podem ser expressos ou nas palavras do poeta e trovador Moustaqui, "nada mudou, e, portanto, tudo é diferente", ou, inversamente, no velho ditado francês *plus ça change, plus c'est la même chose* [Por mais que as coisas mudem, tudo permanece igual].

Glossário

estruturalismo – Corrente da lingüística que se inicia com o suíço Ferdinand de Saussure (1857-1913) no começo do século XX, postulando para a análise lingüística as dicotomias língua / fala, diacronia / sincronia, relações sintagmáticas / relações paradigmáticas. O alvo da lingüística estruturalista é a descrição das línguas individuais, compostas de subsistemas ou níveis autônomos (fonologia, morfologia, sintaxe e semântica) hierarquicamente organizados. Na perspectiva estruturalista, cada língua forma um conjunto único, pondo, assim, de lado qualquer preocupação universalista.

filogênese – Processo de representação do parentesco e das relações de ancestralidade entre espécies, geralmente através de um diagrama de ramificação.

funcionalismo – Teoria lingüística segundo a qual os elementos de uma língua são descritos e analisados do ponto de vista de sua função no ato de comunicação. O funcionalismo é característico da lingüística francesa e é retomado pelo lingüista norte-americano Talmy Givón, constituindo uma corrente contrária à teoria gerativa de Noam Chomsky.

glotocronologia – Método que, associado à léxico-estatística, pode calcular a idade aproximativa de uma família de línguas. É um método probabilístico temporal, medindo a distância do presente ao ponto no passado no qual se separaram línguas geneticamente relacionadas. Reconstrói seqüências, inclui o cálculo de profundidades temporais prováveis e a aplicação de algoritmos de cisão ou junção aos dados da léxico-estatística. Haveria uma porcentagem regular de retenção de palavras entre línguas aparentadas durante um período determinado. Por exemplo, 86% de termos básicos são retidos em um período de mil anos, ou seja, após mil anos somente 14% das palavras do vocabulário básico não são mais encontradas.

gramática universal – Própria da escolástica medieval, e conhecida, no século XV, como gramática filosófica ou *grammaire raisonnée*, pode ser sintetizada na declaração de Roger Bacon (c.1220-1292) de que a gramática é uma e a mesma em todas as línguas em sua substância, sendo as diferenças de superfície entre elas meras variações acidentais. Esta proposta universalista é retomada e reformulada pela teoria gerativa de Noam Chomsky na segunda metade do século XX.

hominídeos – Todas as formas intermediárias que, no processo evolutivo, ligam os ancestrais comuns de humanos e chipanzés aos humanos modernos.

léxico-estatística – Método usado pela lingüística histórica. Para o método léxico-estatístico, o vocabulário básico –

formado de termos universais e não culturalmente específicos, como categorias de parentes e fenômenos naturais – muda em uma razão constante no tempo. É uma técnica que visa a determinar a distância ou proximidade entre línguas geneticamente relacionadas e não lida com uma cronologia precisa de mudança lingüística.

neodarwinismo – Teoria evolucionista que se baseia em dois processos de evolução: a macroevolução, responsável pelos padrões nas tendências internas dos grupos de espécies diferentes; e a microevolução, que considera pequenas modificações dentro da espécie como um processo longo e contínuo.

ontogênese – Processo de crescimento e desenvolvimento de um indivíduo, desde sua concepção.

psicologia cognitiva – Corrente atual da psicologia que desafia as posições negativistas do filósofo alemão Emanuel Kant (1724-1804) quanto à natureza científica da psicologia e conseqüente possibilidade de detectar empiricamente os mecanismos de processamento das informações constitutivas do conhecimento humano. A psicologia cognitiva atual vem demonstrando que os mecanismos mentais e as leis básicos do sistema mental humano são passíveis de investigação em laboratórios. Duas áreas intimamente relacionadas desempenham relevante papel neste novo cenário: a teoria da informação que postulou princípios de transmissão aplicáveis a qualquer tipo de canal e a ciência da computação que criou recentemente máquinas que permitem a manipulação de símbolos.

teoria gerativa – Teoria que surge por volta de 1950 como novo paradigma em lingüística em oposição ao estruturalismo. Tem como programa definir uma gramática universal inata e comum a todos os seres humanos, e caracterizar os mecanismos formais que constituem a faculdade da linguagem. A teoria gerativa compete atualmente com o modelo funcionalista, uma versão cognitiva mais elaborada do estruturalismo, que postula ser a gramática de uma língua constituída pela incorporação de construções sistemáticas e freqüentes dos diversos tipos de textos orais.

Referências e fontes

A "Introdução" apresenta as versões da origem do homem e da linguagem contidas em cosmologias e narrativas de sociedades diversas onde não prevalece uma explicação evolutiva, tendo sido utilizadas as seguintes fontes: para os karajás, a dissertação de mestrado de Lydie Oiara Bonilla Jacobs, *Reproduzindo-se no mundo dos brancos: Estruturas karajá em Porto Txuirí, Ilha do Bananal, Tocantins* (Programa de Pós Graduação em Antropologia Social, Museu Nacional/UFRJ, 2000); para os tapirapés foi utilizado o texto *Peetora parãgetã*, narrativa de Ipãwỹgi Tapirapé, gravada na aldeia Tapirapé em agosto de 1976; para os kuikuros, os dados foram coletados por Bruna Franchetto entre os kuikuro do Alto Xingu; para as citações bíblicas, foi usada *A bíblia sagrada*, Gênesis 1, 1-2 (São Paulo, Paulinas, 34ª ed., 1977, p.25-7).

"E tudo começou na Grécia" retrata a contribuição da filosofia grega clássica, especificamente de Platão e Aristóteles, para a caracterização da linguagem humana e a procura de suas origens. Apóia-se em Maria Helena Moura Neves, *A vertente grega da gramática tradicional* (São Paulo/Brasília, Hucitec/UnB, 1987) e em Robert Henry Robins, *Pequena história da lingüística* (Rio de Janeiro, Ao Livro Técnico, 1979).

"Quando a linguagem é música e paixão" apresenta a visão romântica e humanista de Jean-Jaques Rousseau a partir do seu *Ensaio sobre a origem das línguas* (Campinas, Unicamp, 1998).

"Quando Deus não é mais a explicação" enfoca a falência da tentativa de superar a explicação divina para a origem da linguagem, baseando-se principalmente em Johann Gottfried Herder, *Traité sur l'origine de la langue* (Paris, Aubier-Montaigne, 1977). As citações foram retiradas da mesma obra, p.13 e 16.

"O encontro com a diversidade" e "Quando a língua é um produto histórico" baseiam-se em trabalho inédito apresentado pelas autoras no ciclo de conferências sobre evolução organizado pela Coordenação de Pesquisa e Estudos Avançados, no Fórum de Ciência e Cultura da UFRJ, em 6 de maio de 2000.

"À procura da primeira língua" está baseado nos artigos de Merrit Ruhlen, "Toutes parentes, toutes différentes", e de Anne Szulmajster-Celnikier, "Éloge de la prudence méthodologique", publicados na seção "La querelle de l'origine des langues" na revista *La Recherche*, n.306 (fev 1998, p.68-81), e em Joseph H. Greenberg, *Language in the Americas* (Stanford, Stanford University Press, 1987); Luigi Luca Cavalli-Sforza, *Genes, povos e línguas* (São Paulo, Companhia das Letras, 2003); Luca Cavalli-Sforza e Francesco Cavalli-Sforza, *Quem somos? História da diversidade humana* (São Paulo, Unesp, 2002, cap.7 – "A torre de Babel").

"A teoria da evolução" e "A origem da linguagem e a teoria da evolução" apóiam-se em Roger Lewin, *Evolução humana* (São Paulo, Atheneu, 1999); Robert Foley, *Humans before Humanity: An evolutionary perspective* (Massachusetts, Blackwell, 1995); Philip Lieberman, *The Biology and the Evolution of Language* (Cambridge, Cambridge University Press, 1984).

"A origem da linguagem: uma agenda em aberto" apóia-se em Eric Lenneberg, *The Biological Foundation of Language* (Nova York, John Wiley and Sons, 1967); James R. Hurford, Michael Studdert-Kennedy e Chris Knight (orgs.), *Approaches to the Evolution of Language* (Cambridge, Cambridge University Press, 1998); Chris Knight, Michael Studdert-Kennedy e James R. Hurford (orgs.), *The Evolutionary Emergence of Language: Social Function and the Origins of Linguistic Form* (Cambridge, Cambridge University Press, 2000); Noam Chomsky, *Language and Problems of Knowledge: The Managua Lectures* (1988); Marc D. Hauser, Noam Chomsky e W. Tecumseh Fitch, "The Faculty of Language: What is It, Who Has It, and How Did It Evolve?", *Science* vol.298 (22 nov 2002, p.1.569-79).

"Inconclusão" é uma conclusão inconclusiva mostrando as atuais divergências irreconciliáveis sobre a questão da origem da linguagem focalizando principalmente a proposta formalista de Noam Chomsky e a funcionalista de Talmy Givón. A citação de Roger Bacon foi retirada de Robert Henry Robins, *Pequena história da lingüística* (Rio de Janeiro, Ao Livro Técnico, 1979, p.60).

A figura 1 foi adaptada por Jaqueline de Medeiros França do livro de Antonio Arlotto, *Historical Linguistics* (Boston, Houghton Mifflin Co., 1972, p.107); as figuras 2 e

3 foram adaptadas por Tatiana Libman respectivamente do livro de Roger Lewin, *Evolução humana* (São Paulo, Atheneu, 1999) e do site www.handprint.com.

Leituras recomendadas

CÂMARA JR., Joaquim Mattoso. "Glotocronologia e estatística léxica" (*Revista Brasileira de Filologia*, v.5, t. I-II, 1959-1960, p.209-15). Resumo histórico do surgimento dos métodos usados para estabelecer as datas de divergência entre os ramos das famílias lingüísticas. Apresenta as críticas feitas por diversos lingüistas aos postulados que embasam esses métodos e à própria seleção dos itens constantes da lista vocabular proposta por Morris Swadesh, criador da glotocronologia e da léxico-estatística.

CHOMSKY, Noam. "Novos horizontes no estudo da linguagem", in Pinguelli Rosa, L. e M. Lemle (orgs.), *Noam Chomsky na UFRJ* (Rio de Janeiro, Coppe/UFRJ, 1997, p.10-79). Texto da conferência proferida por Noam Chomsky na Universidade Federal do Rio de Janeiro em 1996; contém um histórico da teoria gerativa até o modelo conhecido como Programa Minimalista e discute as relações dessa corrente da lingüística contemporânea com outras ciências naturais e humanas. Ao texto se seguem perguntas apresentadas pelo público da conferência e por e-mail e respondidas por Chomsky.

FARACO, Carlos Alberto. *Lingüística histórica. Uma introdução ao estudo da história das línguas* (São Paulo, Ática,

1991). Visão panorâmica das mudanças lingüísticas, suas classificações, tipos de regras, bem como do surgimento e dos grandes períodos de desenvolvimento do método histórico-comparativo, desde o século XVIII até os neogramáticos. Analisa o impacto do estruturalismo, do gerativismo, da dialetologia e da sociolingüística sobre as bases do comparativismo.

GIVÓN, Talmy. *Biolinguistics. The Santa Barbara Lectures* (Amsterdam/Philadelphia, John Benjamin Publishing Company, 2002). Em oposição ao modelo gerativista, Givón argumenta que o objetivo de uma gramática é a caracterização do desempenho, em que a variação da produção tem um papel primordial, não só para a definição da linguagem humana mas também para o real entendimento de sua origem. Retoma a tradição estruturalista-funcionalista, focalizando o processamento, a diversidade e as bases adaptativas dos mecanismos de gramaticalização da variação tipológica na lenta e gradual mudança diacrônica. Sustenta que uma separação rígida entre biologia e cultura não é autorizada quer pelas evidências provenientes da observação dos fatos, quer pela teoria da evolução atual.

HAUSER, Marc D., Noam Chomsky e W. Tecumseh Fitch. "The Faculty of Language: What is It, Who Has It, and How Did It Evolve?" *Science*, vol.298, 22 de novembro de 2002 (p.1.569-79). O artigo, publicado em número recente da revista *Science* e acessível pela Internet, é resultado da colaboração entre o lingüista Noam Chomsky e dois psicólogos cognitivistas. Unidos no empreendimento de determinar a especificidade da linguagem humana e a hipótese evolutiva que dela decorre, os autores exploram as possibilidades de cooperação entre as propostas mais recentes da lingüística gerativa e as descobertas provenientes de outros campos de pesquisa, tais como a biologia, a antropologia, a psicologia e a neurociência. A hipótese lançada é a de que a única característica que distingue a faculdade humana da linguagem, entendida em sentido estrito, é a recursividade.

LEWIN, Roger. *Evolução humana* (São Paulo, Atheneu, 1999). O livro aborda a história evolutiva do homem de forma acessível e completa, desde o surgimento da teoria darwinista até os achados fósseis mais recentes, enfocando os aspectos anatômicos, ecológicos, genéticos e arqueológicos da história da evolução humana.

MOORE, Denny e Luciana Storto. "As línguas indígenas e a pré-história", in Sergio D.J. Pena (org.) *Homo brasilis* (São Paulo, Funpec, 2002, p.73-92). No âmbito dos estudos diacrônicos sobre línguas indígenas brasileiras, o artigo oferece uma síntese dos métodos da lingüística histórica, bem como do modelo e das hipóteses de Joseph Greenberg e das críticas levantadas às macroclassificações.

ZIMMER, Carl. *O livro de ouro da evolução. O triunfo de uma idéia* (Rio de Janeiro, Ediouro, 2003). Apresenta uma extensa e atualizada visão da evolução e da teoria de Darwin. Na parte IV, nos capítulos 11 e 12, é tratada a história evolutiva da linguagem humana.

Agradecimentos

A Tatiana Libman, cuja ajuda foi inestimável na discussão e redação das partes dedicadas à teoria da evolução. A Hilton Pereira da Silva, bioantropólogo do Museu Nacional, pela cuidadosa leitura e valiosas sugestões. A João Antônio de Moraes, por nos ter franqueado sua biblioteca. A Cássio Vieira, pela gentileza de nos enviar sistematicamente tudo o que era publicado sobre o tema em revistas científicas internacionais. Ao CNPq, por nos agraciar com bolsas de produtividade científica, e ao Programa de Pós-Graduação em Antropologia Social do Museu Nacional/UFRJ, pelo saudável clima de trabalho de docência e de pesquisa.

Sobre as autoras

Bruna Franchetto é bacharel em filosofia pela Universitá La Sapienza de Roma, Itália, e doutora em antropologia pela Universidade Federal do Rio de Janeiro (UFRJ). Professora adjunta da UFRJ, atua como docente no Programa de Pós-Graduação em Antropologia Social e colabora com a pós-graduação em lingüística da mesma universidade. Participa de projetos de formação de professores indígenas em nível de magistério e universitário. Pesquisadora do CNPq, realiza pesquisas sobre línguas e tradições orais de sociedades indígenas no Brasil. É co-organizadora do livro *Os povos do Alto Xingu: História e cultura* (UFRJ, 2001).

Yonne Leite foi autora, juntamente com Dinah Callou, dos livros *Iniciação à fonética e à fonologia* (Zahar, 3ª ed. revista 1994) e *Como falam os brasileiros* (Zahar, 2002). Bacharel e licenciada em letras neolatinas pela Universidade do Brasil e doutora em lingüística pela Universidade do Texas em Austin, foi professora adjunta da UFRJ e pesquisadora do CNPq, exercendo também assessoria em monografia e pesquisa na Universidade Gama Filho. Suas atividades de ensino e pesquisa se dividiram entre as áreas de línguas indígenas brasileiras no Programa de Pós-Graduação em Antropologia Social do Museu Nacional e de fonologia do português no Departamento de Letras Vernáculas da Faculdade de Letras, ambos da UFRJ.

Coleção **PASSO-A-PASSO**

Volumes recentes:

CIÊNCIAS SOCIAIS PASSO-A-PASSO

O negócio do social [40], Joana Angélica Barbosa Garcia

Origens da linguagem [41], Bruna Franchetto e Yonne Leite

Antropologia da criança [57], Clarice Cohn

Patrimônio histórico e cultural [66], Pedro Paulo Funari e Sandra de Cássia Araújo Pelegrini

Antropologia e imagem [68], Andréa Barbosa e Edgar T. da Cunha

Antropologia da política [79], Karina Kuschnir

Sociabilidade urbana [80], Heitor Frúgoli Jr.

Pesquisando em arquivos [82], Celso Castro

Cinema, televisão e história [86], Mônica Almeida Kornis

FILOSOFIA PASSO-A-PASSO

Estética [63], Kathrin H. Rosenfield

Filosofia da natureza [67], Márcia Gonçalves

Hume [69], Leonardo S. Porto

Hannah Arendt [73], Adriano Correia

Schelling [74], Leonardo Alves Vieira

Niilismo [77], Rossano Pecoraro

Kierkegaard [78], Jorge Miranda de Almeida e Alvaro L.M. Valls

Filosofia da biologia [81], Karla Chediak

Ontologia [83], Susana de Castro

John Stuart Mill & a liberdade [84], Mauro Cardoso Simões

Filosofia da história [88], Rossano Pecoraro

Teoria do conhecimento [91], Alberto Oliva

PSICANÁLISE PASSO-A-PASSO

Psicanálise com crianças [75], Teresinha Costa

Feminino/masculino [76], Maria Cristina Poli

Cinema, imagem e psicanálise [85], Tania Rivera

Trauma [87], Ana Maria Rudge

Édipo [89], Teresinha Costa

A psicose [90], Andréa M.C. Guerra

A angústia [92], Sonia Leite

Educação e psicanálise [93], Rinaldo Voltolini

Os outros em Lacan [94], Antonio Quinet

A paixão [95], Marcus André Vieira

Histeria: o caso Dora [96], Nadiá Paulo Ferreira e Marcus Alexandre Motta